W. A. Mozart

Mozart's thematischer Catalog

wie er solchen vom 9. Februar 1784 bis zum 15. November 1791 eigenhändig geschrieben hat, nebst einem erläuternden Vorbericht von A. André

Mozart, Wolfgang Amadeus

Mozart's thematischer Catalog

ISBN: 978-3-86741-367-1

Auflage: 1
Erscheinungsjahr: 2010
Erscheinungsort: Bremen, Deutschland

© Europäischer Hochschulverlag GmbH & Co KG, Fahrenheitstr. 1, 28359 Bremen (www.eh-verlag.de). Alle Rechte beim Verlag und bei den jeweiligen Lizenzgebern.

Bei diesem Titel handelt es sich um den Nachdruck eines historischen, lange vergriffenen Buches aus dem Jahre 1828. Da elektronische Druckvorlagen für diese Titel nicht existieren, musste auf alte Vorlagen zurückgegriffen werden. Hieraus zwangsläufig resultierende Qualitätsverluste bitten wir zu entschuldigen.

Mozart's thematischer Catalog

W. A. Mozart's thematischer Catalog,

so wie er solchen vom 9. Februar 1784. bis zum 15. November 1791 eigenhändig geschrieben hat,

nebst einem erläuternden Vorbericht von

A. André.

Neue mit dem Original-Manuscript nochmals verglichene Ausgabe.

N° 5000. ——————————————————— Preis *f 2, 45 xr.*

OFFENBACH a/m.
bei
Johann André.

Vorbericht.

Man hatte in dem Vorberichte zur ersten Auflage gegenwärtigen Werkes (1805.) erwähnt, daß ich von den übrigen Originalmanuscripten Mozart's, welche nicht in gegenwärtigem Verzeichniß enthalten, also vor dem Jahre 1784 geschrieben sind, ein ähnlich chronologisch geordnetes, thematisches Verzeichniß fertigen und herausgeben wolle. —

Diese früheren Werke wurden nun zwar in ein thematisches Verzeichniß zusammengetragen, allein die vorgehabte Ordnung ihrer Zeitfolge ließ sich, nach genauerer Prüfung der Sache, nicht ausführen, da bei weitem nicht alle Manuscripte mit dem Datum ihrer Entstehung versehen waren.

Ich theilte inzwischen dieses Verzeichniß meinem Freunde Gerber in Sondershausen in Abschrift mit; und dies veranlaßte: daß seiner, als einem bestehenden zweyten Verzeichnisse Mozartscher Manuscripte, sowohl im Gerberschen Tonkünstlerlexikon im Artikel Mozart, als auch in den neuesten Biographieen Mozart's u. an andern Orten, Erwähnung geschah. — Da, wie bereits gesagt, dieses Verzeichniß nicht vollständig chronologisch zu ordnen ist, so muß ich dasselbe nach einer anderen Ordnung abfassen, um es herausgeben zu können. —

Schade, daß uns von Mozart selbst die näheren Angaben zur Fertigung eines solchen Verzeichnisses fehlen. — Vielleicht hatte Mozart, bei eigner Anerkennung der Nothwendigkeit desselben, zugleich die Schwierigkeit seiner Abfassung eingesehen, und um solcher für seine folgenden Werke im Voraus zu begegnen, sich entschlossen, das gegenwärtige zu gründen. —

Noch scheint es bemerkenswerth, daß Mozart beynahe gleichzeitig mit gegenwärtigem Verzeichnisse angefangen hat, über seine Einnahmen und Ausgaben gewissermaßen Buch und Rechnung zu führen. —

Seine Einnahmen, worunter der Ertrag einiger sogenanter musikalischer Academieen, welche Mozart damals gegeben, ferner für ertheilten Unterricht an verschiedene Herrschaftliche Personen u. nur weniges Honorar für verkaufte Kompositionen begriffen waren, notirte er auf einem länglichen Stück Papier; sie fangen vom März 1784 an, und gehen bis zum Februar 1785, von wo an deren Notirung seine Gattinn übernahm, aber nur kurze Zeit fortsetzte; die Ausgaben dagegen notirte Mozart in einem kleinen Quartbüchlein, welches früher zu Übungs-Aufsätzen in der englischen Sprache bestimt war, auch noch verschiedene von ihm ins Englische übersetzte Briefe enthält. — Diese Ausgaben fangen ebenfalls vom 1. März 1784 an, u. gehen bis zum 4. Febr. 1785; von da an übernahm deren Eintragung seine Gattin, welche sie jedoch ebenfalls nur ganz kurze Zeit fortsetzte. —

Mozart verfuhr in Notirung seiner Ausgaben so pünktlich, daß er auch nicht

den unbedeutendsten Posten einzutragen unterließ. –
Als ein kleiner Beleg, wie sich auch hier Mozarts Naivität aussprach, mag folgendes
dienen. unterm 1. May 1784 steht notirt: .... Zwei Maßblümel........ 1 kr.
unterm 27. May 1784 . . . . Vogel Stahrl........... 34 „
und zugleich folgende Melodie mit der Bemerkung: das war schön!
Mozart mag also wohl herzlich über diese sonderbare Sangweise des Vogels gelacht haben. –
Wieder auf gegenwärtigen Catalog und dessen Abfassung zu kommen, so habe ich die der
ersten Auflage hinzugefügte französische Uebersetzung bei gegenwärtiger Ausgabe
weggelassen, und aus Achtung für Mozarts Handschrift, Alles **verbotenus** beibehalten,
so auch die genaue Abtheilung der Seiten. – Das Original desselben führt genau folgenden auf einem Schilde der Decke stehenden Titel:

Verzeichniß
aller meiner Werke
vom Monath Febraio 1784 bis Monath

Wolfgang Amade Mozart

Schade, ewig Schade, daß sich dieses merkwürdige Verzeichniß mit der unterm 15. Nov. 1791.
eingetragenen kleinen Freymaurerkantate endigt, und daß die übrigen bereits rastrirten
14 Blätter von Mozart unbenutzt bleiben mußten; von welchen herrlichen Werken wür-
den sie nicht außerdem die Themata zu enthalten bekommen haben! – – –
Ob Mozart seine Werke am Tage wo er sie begonnen, oder wo er solche beendigt
hat, in diesem thematischen Katalog aufgenommen, läßt sich wohl nicht genau bestimmen,
und die Angabe mag oft wohl theils das eine, theils das andere bezeichnen, was sich
allenfalls nach der Zeit in welcher die hier notirten Werke folgen, am ersten bestimmen
lassen möchte. – Diejenigen der in gegenwärtigem Verzeichniß notirten Werke, welche
unter einem bestimmt angegebenen Tage eingetragen sind, scheinen auch an diesem
Tage ihre Entstehung erhalten zu haben, u. es findet sich auf deren Manuscripten
selten eine nochmalige desfallsige Bemerkung. –
Diejenigen Werke aber, deren Themata ohne diese besondere Angabe eingetragen
erscheinen, müssen erst nachträglich eingetragen, oder mögen vielleicht auch von
Mozart umgeschrieben worden seyn. – Es findet sich nämlich auf dem MS. des **Pag.16**
unter N° 27 angeführten Clavierquartetts aus G moll, folgende wörtliche Bemerkung:
di Wolfgango Amadeo Mozart Vie̊na li 16 d'ottobre
1785.
da solches doch als im Monat Julius eingetragen, in gegenwärtigem Katalog
notirt steht.

Ferner ist zu bemerken, daß Mozart die bestimte Tagesangabe seiner in gegenwärtigem Verzeichniß angeführten Opern auf die Verfertigung ihrer Ouvertüren bezogen haben will, welche er theils als erste, theils als letzte Numer seiner Opern geschrieben hat. — Über die Zeit der Beendigung dieses oder jenes Manuscriptes, hat Mozart auf der Endseite seiner verschiedenen Partituren nichts bemerkt. —

Daß er aber auch früher geschriebene und später umgeänderte Kompositionen hier eingetragen hat, beweißt unter andern die Quartettfuge in C moll, N.° 88 des gegenwärtigen Katalogs, welche hier mit dem kleinen Einleitungs-Adagio vermehrt erscheint; noch mehr aber der unter N.° 95 angeführte ziemlich allgemein bekannt gewordene Canon: „O: du eselhafter Martin", welcher hier unterm 2.t Sept. 1788. in F dur stehend eingetragen, jedoch mehrere Jahre früher in München komponirt ist; und von welchem mehrere kleine Abweichungen enthaltende Autographien bestehen; so wie ich denn eine derselben in G dur stehend besitze, wobei Mozart den Namen Martin ausgestrichen, und Jacob darüber gesetzt hat. — Wahrscheinlich hatte Mozart diesen Canon als eine spaßhafte Komposition mehrmalen benutzt. In jedem Fall erscheint derselbe als eine frühere Komposition; ebenso erscheint das unter N.° 144 angeführte in A dur stehende Clarinett-Conzert, welches ohne Angabe dessen Datum angezeigt ist, als eine umgearbeitete Komposition, indem ich von diesem Conzert eine frühere Bearbeitung für das Bassethorn und in G dur stehend, besitze. —

Von dem berühmten, und in neueren Zeiten so vielfach besprochenen Requiem findet sich, wie ich dies auch bereits an andern Orten schon früher bemerkt habe, keine Notiz im Original des gegenwärtigen Verzeichnisses. — Da indessen nach der Versicherung glaubwürdiger Personen, Mozart in den letzten Tagen seines Lebens wirklich an diesem Requiem geschrieben hat; so erscheint zwar dieser Umstand außer allem Zweifel, ohne jedoch meine immer noch gegründete Vermuthung aufzuheben, daß Mozart zu manchen Nummern dieses Werks eine schon früher angefangene Arbeit benutzt habe. —

Offenbach a/m, im Nov. 1828.

Ant: André

1784.

Den 9ten Hornung.

N° 1. Ein Klavier Konzert. Begleitung. 2 Violini, Viola e Basso. (2 Oboe, 2 Corni ad libitum.)

Den 15ten März.

N° 2. Ein Klavier Konzert. Begleitung. 2 Violini, 2 Viole, 1 Flauto, 2 Oboe, 2 Fagotti, 2 Corni e Basso.

Den 22ten ———

N° 3. Ein Klavier Konzert. Begleitung. 2 Violini, 2 Viole, 1 Flauto, 2 Oboe, 2 Fagotti, 2 Corni, 2 Clarini, Timpany e Basso.

Den 30ten ———

N° 4. Ein Klavier Quintett. Begleitung. 1 Oboe, 1 Clarinetto, 1 Corno, et 1 Fagotti.

Den 12ten Aprill.

N° 5. Ein Klavier Konzert. Begleitung. 2 Violini, 2 Viole, 1 Flauto, 2 Oboe, 2 Fagotti, 2 Corni, e Basso.

1784.

Den 21ten April.

N.º 6. Eine Klavier Sonate mit einer Violin.

Den 25ten August.

N.º 7. 10 Variazionen für das Klavier allein.

Den 30ten September.

N.º 8. Ein Klavier Konzert. Begleitung. 2 Violini, 2 Viole, 1 Flauto, 2 Oboe, 2 Fagotti, 2 Corni e Basso.

Den 14ten October.

N.º 9. Eine Sonate für das Klavier allein.

Den 9ten November.

N.º 10. Ein Quartett für 2 Violini, Viola e Violoncello.

1784.

Den 11ten December.

Nº 11. **Ein Klavier Konzert.** Begleitung. *2 Violini, 2 Viole, 1 Flauto, 2 Oboe, 2 Fagotti, 2 Corni, 2 Clarini, Timpany et Baßo.*

1785

Den 10ten Jenner.

Nº 12. **Ein Quartett** *für 2 Violini, Viola e Violoncello.*

Den 14ten

Nº 13. **Ein Quartett** *für 2 Violini, Viola e Violoncello.*

Den 10ten Hornung.

Nº 14. **Ein Klavier Konzert.** Begleitung. *2 Violini, 2 Viole, 1 Flauto, 2 Oboe, 2 Fagotti, 2 Corni, 2 Clarini, Timpani e Baßo.*

Den 6ten März.

Nº 15. **Eine Arie** *für Adamberger zur Societäts Musique.* À te frà tanti affanni ʁ. ʁ. Begleitung. *2 Violini, 2 Viole, 1 Flauto, 1 Oboe, 1 Clarinette, 1 Fagotti, 2 Corni e Baßo.*

1785.

Den 9ten März.

N.º 16. Ein Klavier Konzert. *Begleitung. 2 Violini, 2 Viole, 1 Flauto, 2 Oboe, 2 Fagotti, 2 Corni, 2 Clarini, Timpany e Baßo.*

Den 11ten

N.º 17. Eine Arie *für die Cavaglieri zur Societäts Musique. Tra l'oscure ombre funeste x.x. Begleitung. 2 Violini, 2 Viole, 1 Flauto, 2 Oboi, 2 Fagotti, 2 Corni e Baßo.*

Den 26ten

N.º 18. Maurer Gesellen-Lied *für Singstime und Klavier. Die ihr einem neuen Grade der Erkentniß nun euch naht x.*

Den 1ten Aprill.

N.º 19. Ein Andante *für die Violin zu einem Konzert. Begleitung. 2 Violini, Viola, 2 Oboe, 2 Corni e Baßo.*

Den 20ten

N.º 20. Eine kleine Cantate. *Die Maurerfreude.— Singstime. Tenor, und zum Schluß ein kleiner Chor von 2 Tenor und einem Baß. Begleitung. 2 Violini, 2 Viole, 1 Clarinetto, 2 Oboe, 2 Corni e Baßo.*

1785.

Den 7ten May.

N.º 21. Ein Lied *für Klavier und Singstime.*   *Der Zauberer.*

detto.

N.º 22. Ein Lied. ———————   *Die Zufriedenheit.*

detto.

N.º 23. Ein Lied. ———————   *Die betrogene Welt.*

Den 20ten

N.º 24. Eine Phantasie *für das Klavier allein.*

Den 8ten Juny.

N.º 25. Ein Lied *für Klavier und Singstime.*   *Das Veilchen.*

1785.

Im Monat Jully.

N.º 26. Maurerische Trauer-Musick, bey dem Todesfalle der Br: Br: Meklenburg und Esterhazy.
2 Violini, 2 Viole, 1 Clarinett, 1 Baßethorn, 2 Oboe, 2 Corni e Baßo.

detto.

N.º 27. Ein Quartett für Klavier, 1 Violin, 1 Viola und Violoncello.

Den 5ten November

N.º 28. Quartetto in die Oper: La Villanella rapita. für Sig.ra Coltellini, Sig.re Calvesi, Sig.re Mandini e Bußani. Begleitung: *2 Violini, 2 Viole, 2 Oboe, 2 Clarinetti, 2 Fagotti, 2 Corni e Baßo.*

Den 21ten

N.º 29. Terzett in detta Opera für Sig.ra Coltellini, Sig.re Calvesi e Mandini. Begleitung: *2 Viol:, 2 Viole, 2 Flauti, 2 Oboe, 2 Clarinetti, 2 Fagotti, 2 Corni e Baßo.*

Den 12ten December.

N.º 30. Eine Klavier Sonate mit Begleitung einer Violin.

1785.

Den 16ten December.

Nº 31. Ein Klavier Konzert. Begleitung. 2 Violini, 2 Viole, 1 Flauto, 2 Clarinetti, 2 Fagotti, 2 Corni, 2 Clarini, Timpany e Basso.

1786.

Den 3ten Hornung.

Nº 32. Der Schauspiel Director. Eine Komödie mit Musick für Schönbrun, bestehend aus Ouverture, 2 Arien, ein Terzett und Vaudeville. — für Madme Lange, Madselle Cavaglieri u. Mr. Adamberger.

Den 2ten März.

Nº 33. Ein Klavier Konzert. Begleitung. 2 Violini, 2 Viole, 1 Flauto, 2 Clarinetti, 2 Fagotti, 2 Corni e Basso.

Den 10ten

Nº 34. Ein Duetto zu meiner Oper Idomeneo für die Fr: von Puffendorf und Bar: Pulini. Begleitung. 2 Violini, 2 Viole, 2 Oboe, 2 Fagotti, 2 Corni e Basso.

detto.

Nº 35. Scena con Rondò mit Violin Solo für Bar: Pulini u: Graf Hatzfeldt in die obenbemeldte Oper. Begleitung. 2 Violini, 2 Viole, 2 Clarinetti, 2 Fagotti, 2 Corni e Basso.

1786.

Den 24ten März.

N° 36. **Ein Klavier Konzert.** Begleitung. 2 Violini, 2 Viole, 1 Flauto. 2 Oboi, 2 Clarinetti, 2 Fagotti, 2 Corni, 2 Clarini, Timpany e Basso.

Den 29ten Aprill.

N° 37. **Le Nozze di Figaro,** opera buffa in 4 Atti. Pezzi di musica. M. Attori. Signore Storace, Laschi, Mandini, Bussani e Nanina Gottlieb. — Sig.ri Benucci, Mandini, Occhely e Bussani.

Den 3ten Juny.

N° 38. **Ein Quartett** für Klavier, Violin, Viola und Violoncello.

Den 10.ten

N° 39. **Ein kleines Rondö** für das Klavier allein.

Den 26ten

N° 40. **Ein Waldhorn Konzert** für den Leitgeb. Begleitung. 2 Violini, 2 Viole, 2 Oboe, 2 Corni e Basso.

1786.

Den 8ten Jully.

N? 41. Ein Terzett *für Klavier, Violin und Violoncello.*

Den 1ten August.

N? 42. Eine Klavier Sonate *auf 4 Hände.*

Den 5ten

N? 43. Ein Terzett *für Klavier, Clarinett und Viola.*

Den 19ten

N? 44. Ein Quartett *für 2 Violin, Viola und Violoncello.*

Den 12ten September.

N? 45. 12 Variazionen *für das Klavier allein.*

1786.

Den 4ten November.

N.º 46. **Variazionen** für das Klavier auf 4 Hände.

Den 18ten

N.º 47. **Ein Terzett** für Klavier, Violin und Violoncello.

Den 4ten December

N.º 48. **Ein Klavier Konzert.** Begleitung. 2 Violini, 2 Viole, 1 Flauto, 2 Oboe, 2 Fagotti, 2 Corni, 2 Clarini, Timpany e Baßo.

Den 6ten

N.º 49. **Eine Sinfonie** 2 Violini, 2 Viole, 2 Flauti, 2 Oboe, 2 Corni, 2 Fagotti, 2 Clarini, Timpany e Baßo.

Den 27ten

N.º 50. **Scena con Rondò** mit Klavier Solo, für Mad^{selle} Storace und mich. Begleitung. 2 Violini, 2 Viole, 2 Clarinetti, 2 Fagotti, 2 Corni e Baßo.

1787.

in Prag

Den 6ten Febrario.

N.° 51. 6 Teutsche. *2 Violini, 2 Flauti, 1 Flauto piccolo, 2 Oboe, 2 Clarinetti, 2 Fagotti, 2 Corni, 2 Clarini, Timpany e Baßo.*

Wien
Den 11ten März.

N.° 52. Ein Rondò. *für das Klavier allein.*

Den 18ten

N.° 53. Scena *für H.rn Fischer. Non sò d'onde viene &.&. Begleitung. 2 Violini, 2 Viole, 1 Flauto, 2 Oboe, 2 Fagotti, 2 Corni e Baßo.*

Den 23ten

N.° 54. Eine Arie *für H.rn Gottfried von Jacquin. Mentre di lascio o figlia &.&. Begleitung. 2 Violini, 2 Viole, 1 Flauto, 2 Clarinetti, 2 Fagotti, 2 Corni e Baßo.*

Den 19ten Aprill.

N.° 55. Ein Quintett *für 2 Violini, 2 Viole und Violoncello.*

1787.

Den 16ten May.

N̊ 56. Ein Quintett *für 2 Violini, 2 Viole u. Violoncello*.

Den 18ten

N̊ 57. Ein Lied *für Klavier und Singstime*.   Die Alte.

Den 20ten

N̊ 58. Ein Lied ———————— Die Verschweigung.

Den 23ten

N̊ 59. Ein Lied ———————— die Trennung.

Den 26ten

N̊ 60. Ein Lied *Als Luise die Briefe ihres ungetreuen Liebhabers verbrannte*.

1787.

Den 29ten May.

N.o 61. Eine Klavier Sonate *auf 4 Hände*.

Den 14ten Juny.

N.o 62. Ein Musikalischer Spaſs; *bestehend in einem Allegro, Menuett und Trio, Adagio, und Finale. 2 Violini, Viola, 2 Corni, e Baſso.*

Den 24ten Juny.

N.o 63. Ein Lied ——————————— *Abend-Empfindung.*

detto.

N.o 64. Ein Lied ——————————— *An Chloe.* ——

Den 10ten August.

N.o 65. Eine kleine Nacht-Musick, *bestehend in einem Allegro, Menuett u. Trio.— Romance. Menuett u: Trio, und Finale. 2 Violini, Viola e Baſsi.*

1787

Den 24ten

N.º 66. Eine Klavier-Sonate *mit Begleitung einer Violin.*

Den 28ten October.
in Prag.

N.º 67. Jl Difsoluto punito, o, il Don Giovanni.
  Opera Buffa in 2 Atti_ Pezzi di Musica. 24. Attori.
  Signore: *Teresa Saporeti, Bondini, e Micelli.*
  Signori: *Pafsi, Ponziani, Baglioni e Lolli.*

Den 3ten November.

N.º 68. Scena *für Mad.me Duscheck. Recitativo: bella mia fiama.*
  Aria: Resta, e Cara etc: Begleitung. —— ——

Den 6ten

N.º 69. Ein Lied. —— —— Am Geburtstag des Fritzes.

dette.

N.º 70. Ein Lied. —— —— *Das Traumlied.*

1787.

Den 11ten Decbre

N.º 71. Ein Lied ——— ——— *Die kleine Spinnerin*. ———

Den 3ten Jenner 1788.

N.º 72. Ein Allegro und Andante *für das Klavier allein*.

Den 14ten detto.

N.º 73. Einen Contredanse. *Das Donnerwetter.* à *2 Violini, 2 Oboe, 2 Corni, 1 Flautino, 1 Tromel, und Baßo.*

Den 23ten ———

N.º 74. Einen Contredanse. *Die Batallie.* — à *2 Violini, 2 Oboe, 1 Flautino, 1 Tromba, 1 Tromel e Baßo.*

Den 27ten ———

N.º 75. 6 Teutsche. à *2 Violini, 2 Flauti, 2 Oboe, 2 Clarinetti, 2 Fagotti, 2 Clarini, Timpany, Flautino, e Basso.* ———

1788.

24ten Feb:

N.º 76. **Ein Klavier Konzert** in D dur. — à 2 Violini, Viola e Baßo. 1 Flauto, 2 Oboë, 2 Fagotti, 2 Corni, 2 Clarini et Timpany ad libitum.

Den 4ten März.

N.º 77. **Eine Arie** in F dur. — Ah scia ciel benigne stelle ic. ic. für Mad.lle Lange. Begleitung. 2 Violini, 2 Oboe, 2 Fagotti, 2 Corni, Viola e Baßo.

Den 5ten

N.º 78. **Ein Teutsches Kriegs-Lied** für den jüngern Baumann, Schauspieler in der Leopolds-Stadt. in A. — Jch möchte wohl der Kayser seyn ic. Begleitung. 2 Violini, 2 Oboe, 2 Corni, 2 Fagotti, 1 Flauto piccolo, Piatti, Tamburo grande, Viole e Baßi.

Den 19ten

N.º 79. **Ein Adagio** für das Klavier allein. in H mol.

Den 24ten Aprill.

N.º 80. **Eine Arie** zur Oper: Don Giovanni. in G dur. für M.r Morella. Dalla sua pace etc. 2 Violini, 1 Viole, 1 Flauto, 2 Oboe, 2 Corni, 2 Fagotti, e Baßi.

1788.

Den 28ten detto

N.º 81. **Ein Duetto** zur Oper: Don Giovanni für M.me Mombelli und S.r Benucci. in C dur.— Per quelle tue Manine etc:
2 Violini, 1 Viola, 2 Flauti, 2 Oboe, 2 Fagotti, 2 Clarini, e Baßi.

Den 30ten —

N.º 82. **Scena** zur detta Opera für M.selle Cavallieri.— Recit: Jn quali Eccessi &. Aria— mi tradi quell' alma ingrata.—
2 Violini, 1 Viole, 1 Flauto, 2 Clarinetti, 2 Fagotti, 2 Corni, e Baßo.

im Monath May.

N.º 83. **Arietta** für M.r Albertarelli in die Oper: Le Gelosie fortunate. Un bacio di mano etc:
2 Violini, 1 Flauto, 2 Oboe, 2 Fagotti, 2 Corni, Viole e Baßi.

Den 22ten Juny

N.º 84. **Ein Terzett** für Klavier, Violin, u: Violoncello.

Den 26ten detto.

N.º 85. **Eine Sinfonie.—** 2 Violini, 1 Flauto, 2 Clarinetti, 2 Fagotti, 2 Corni, 2 Clarini, Timpany, Viole e Baßi.

1788.

detto.

N º 86. Ein kleiner Marsch. *1 Violino, 1 Flauto, 1 Viola, 1 Corno, e Violoncello.*

detto.

N º 87. Eine kleine Klavier-Sonate *für Anfänger.*

detto.

N º 88. Ein kurzes Adagio. *à 2 Violini, Viola e Basso,* zu einer Fuge welche ich schon lange *für 2 Klaviere* geschrieben habe.

Den 10ten Jullius.

N º 89. Eine kleine Klavier Sonate *für Anfänger mit einer Violin.*

Den 14ten *detto.*

N º 90. Ein Terzett *für Klavier, Violin, und Violoncello.*

1788.

Den 16ten detto.

N° 91. Eine kleine Canzonette. à 2 Soprani e Basso.

Den 25ten ———

N° 92. Eine Sinfonie. 2 Violini, 1 Flauto, 2 Oboe, 2 Fagotti, 2 Corni, Viola e Bassi.

Den 10ten August.

N° 93. Eine Sinfonie. 2 Violini, 1 Flauto, 2 Oboe, 2 Fagotti, 2 Corni, 2 Clarini, Timpany, Viole e Bassi.

Den 11ten Aug:

N° 94. Ein Lied ——————— Beym Auszug in das Feld.

Den 2ten Sept:

N° 95. 8. 4 stimige Canoni.

1788.
item.

N° 96. 2. 3 stimige Canoni.

27ten item.

N° 97. Ein Divertimento à *1 Violino, 1 Viola, e Violoncello,*
Di sei pezzi.

27ten October.

N° 98. Ein Terzett *für Klavier, Violin und Violoncello.*

Den 30ten detto.

N° 99. 2 Contredanses, à *2 Violini, 2 Oboe, 2 Corni, 1 Fagotto e Baßo.*

Den 6ten Dec:

N° 100. 6 Teutsche.— à *2 Violini, 2 Flauti, 2 Oboe, 2 Clarinetti,
2 Fagotti, 2 Corni, 2 Clarini, Timpany, 1 Flauttino e Baßi.*

. B. Jm. Monath. November Haendels Acis und Galathée für Baron Suiten bearbeitet.

1788.

Den 24ten detto.

N.° 101. 12 Menuetten. à *2 Violini, 2 Flauti, 2 Oboe, 2 Clarinetti, 2 Fagotti, 2 Clarini, Timpany, Flauttino, e Bassi.*

Jm Jenner 1789.

N.° 102. Eine Teutsche Aria. *2 Violini, Viole, 2 Oboe, 2 Fagotti, 2 Corni, e Bassi. Ohne Zwang aus eignem Triebe &.*

Jm Februar.

N.° 103. Eine Sonate *auf Klavier allein.*

Den 21ten detto.

N.° 104. 6 Teutsche. — à *2 Violini, 2 Flauti, 2 Oboe, 2 Clarinetti, 2 Fagotti, 2 Clarini, Timpany, Flauttino, e Bassi,* **und türkische** *Musick.*

29ten April, in Potsdam.

N.° 105. 6 Variazionen *auf das Klavier allein. über einen Menuett von Duport.*

B. Jm Monath März für Baron Suiten Händels Messias bearbeitet.

1789.

17ten. May in Leipzig

N.o 106. Eine kleine Gigue *für das Klavier, in das Stambuch des H.rn Engel. kurfürst. Sächsischen Hof Organisten in Leipzig.*

Im Junius in Wienn.

N.o 107. Ein Quartett *für 2 Violin, Viola et Violoncello.*
für Seine Majestät dem König in Preußen.

Im Jullius.

N.o 108. Eine Sonate *auf Klavier allein.*

N.o 109. Ein Rondò *in meine Oper Figaro für Mad.me Ferarese del bene.*
2 Violini, Viole, 2 Corni di Bassetto, 2 Fagotti, 2 Corni, e Bassi.

Im August.

N.o 110. Eine Aria *in die Oper: J due Baroni für M.selle Louise Villeneuve.*
Alma grande, e nobil Core etc:
2 Violini, Viole, 2 Oboe, 2 Fagotti, 2 Corni, e Bassi.

1789.

Den 17ten September.

N° 111. **Eine Aria** in die Oper: der *Balbier* von *Seviglien* für Mad.me Hoffer. 2 Violini, Viole, 2 Clarinetti, 2 Fagotti, 2 Corni e Baßi.
Schon lacht der holde Frühling.

Den 29ten detto

N° 112. **Ein Quintett.** à 1 Clarinetto, 2 Violini, Viola e Violoncello.

Im October.

N° 113. **Eine Aria** in die Oper: *Il Burbero* für Mad.selle Villeneuve. 2 Violini, 2 Clarinetti, 2 Fagotti, 2 Corni, Viole e Baßi.
Chi sà chi sà qual sia &.

N° 114. **Detto.** —— —— —— ——
Vado! ma dove? — Oh Dio! &.

Im December.

N° 115. **Eine Arie** welche in die Oper: *Cosi fan tutte* bestimt war für Benucci. Rivolgete à me lo sguardo &.
2 Violini, Viola, 2 Oboe, 2 Fagotti, 2 Clarini, e Timpany e Baßi.

1789.

Im December.

N⁰ 116. **12 Menuetts.** à 2 *Violini, 2 Flauti, 2 Oboe, 2 Clarinetti, 2 Fagotti, 2 Corni, 2 Clarini, Timpany, Flauttino e Basso.*

detto.

N⁰ 117. **12 Teutsche.** ai medemi stromenti.
NB. einen **Contre**-danse: *Der Sieg vom Helden Coburg.*

Im Jenner **1790.**

N⁰ 118. **Cosi fan tutte**, ossia la scuola degli amanti. Opera Buffa in 2 Atti. pezzi di *Musica* — *Attori.* — Signore. Ferraresi del Bene, Villeneuve et Bussani — Signori. Calvesi, Benucci e Bussani.

Im May.

N⁰ 119. **Ein Quartett.** *für 2 Violin, Viola e Violoncello.*

Im Junius.

N⁰ 120. **Ein Quartett.** *für 2 Violin, Viola e Violoncello.*

NB. Im Monath Julius Haendels Cäcilia und Alexanders-Fest für B Suiten bearbeitet.

1790.

Im December.

N° 121. Ein Quintett *für 2 Violin, 2 Viola e Violoncello.*

N° 122. Ein Stück für ein Orgelwerk in einer Uhr.

5ten Jenner.
1791.

N° 123. Ein Klavier-Konzert. *Begleitung._ 2 Violini, 1 Flauto, 2 Oboe, 2 Fagotti, 2 Corni, Viole e Bassi.*

14ten

N° 124. 3 Teutsche Lieder._ Sehnsucht nach dem Frühlinge. Komm, lieber May &.

Im Frühlings Anfange. Das Kinderspiel.
Erwacht zum neuen Leben &. Wir Kinder wir schmecken der Freude recht viel &.

23ten

N° 125. 6 Menuetti *für die Redoute:_ mit allen Stimen.*

1791

Den 29ten —

N⁰ 126. 6 Teutsche. — *mit allen Stimen.*

Den 5ten Hornung.

N⁰ 127. 4 Menuett, und 4 Teutsche.

item.

N⁰ 128. Zwey Contretänze.

Den 12ten —

N⁰ 129. 2 Menuett und 2 Teutsche.

Den 28ten —

N⁰ 130. 1 Contre-Danse. — *Il Trionfo delle Donne.* und 6 Landlerische.

1791.

Den 3ten März.

N.º 131. Ein Orgel Stück für eine Uhr.

Den 6ten —

N.º 132. 1 Contredanse die Legerer — 1 Teutscher mit legerer Trio.

Den 8ten —

N.º 133. Eine Bafs-Aria, mit obligatem Contre Bafs. Für H.º Görl u: Pischlberger — Per questa bella mano &c.

N.º 134. Variazionen auf das Klavier, über das Lied: Ein Weib ist das herrlichste Ding &c.

Den 12ten Aprill.

N.º 135. Ein Quintett für 2 Violin, 2 Viole e Violoncello.

1791.

Den 20ten Aprill.

N.° 136. Einen Schlufs Chor *in die Oper: Le Gelosie Vilane von Sarti. für Dillettanti. — Viviamo felici in dolce contento ¤¤.*

Den 4ten May.

N.° 137. Ein Andante *für eine Walze in eine kleine Orgel.*

Den 23ten May.

N.° 138. Adagio u: Rondeau *für Harmonica, 1 Flauto, 1 Oboe, 1 Viola, e Violoncello.*

Den 18ten Junius in Baaden.

N.° 139. Ave verum Corpus. — *à Canto, Alto, Tenore e Baßo. 2 Violini, Viola, Organo e Baßi.*

Jm Jullius.

N.° 140. Eine kleine teutsche Cantate *für eine Stime am Klavier. Die ihr des unermeßlichen Weltalls Schöpfer ehrt &.*

1791.

Im Julius.

N.º 141. Die Zauberflöte. — aufgeführt den 30ten September. eine teutsche Oper in 2 Aufzügen, von Em: Schickaneder; bestehend in 22 Stücken.
Frauenzimer. — Mad:^{selle} Gottlieb, Mme Hofer, Mme Görl, Mad:^{selle} Klöpfler, Mad:^{selle} Hofmann.
Männer. — H:^r Schack, H:^r Görl, H:^r Schickaneder der ältere.
Chöre. H:^r Klöpfler, H:^r Schickaneder der jüngere, H:^r Nouseul.

Den 5ten September aufgeführt in Prag den 6ten September.

N.º 142. La Clemenza di Tito, Opera seria in Due Atti, per l'incoronazione di sua Maestà l'imperatore Leopoldo II. — ridotta à vera opera dal Sig:^{re} Marroli, Poeta di sua A: S: l'Elettore di Sassonia. — Attrici — Sig:^{re} Marchetti Fantozi, S:^{ra} Antonini. — Attori— S:^{re} Bedini, S:^{ra} Carolina Perini (da Uomo) S:^{re} Baglioni, S:^{re} Campi. — e Cori — 24 Pezzi.

Den 28ten September.

N.º 143. Zur Oper, die Zauberflöte einen Priester Marsch und die Ouverture.

N.º 144. Ein Konzert für die Klarinette, für H:^r Stadler den älteren. Begleitung. 2 Violin, Viola, 2 Flauti, 2 Fagotti, 2 Corni e Bassi.

Den 15ten November.

N.º 145. Eine kleine Freymaurer Kantate. bestehend aus 1 Chor, 1 Arie, 2 Recitativen, und 1 Duo. Tenor u: Bass. 2 Violin, Viola, Basso, 1 Flauto, 2 Oboe e 2 Corni.